AF243302

SOCIÉTÉ DE GÉOGRAPHIE DE LYON

SÉANCE MENSUELLE DU 8 JANVIER 1885

L'INFANTICIDE

ET

L'ŒUVRE DE LA SAINTE-ENFANCE

EN CHINE

Par le Père PALATRE,

RAPPORT

PAR LE DOCTEUR CHAPPET,

Médecin honoraire des hôpitaux de Lyon

IMPRIMERIE GÉNÉRALE DE LYON

30, Rue Condé, 30

1885

SOCIÉTÉ DE GÉOGRAPHIE DE LYON

SÉANCE MENSUELLE DU 8 JANVIER 1885

L'INFANTICIDE

ET

L'ŒUVRE DE LA SAINTE-ENFANCE

EN CHINE

Par le Père PALATRE,

RAPPORT

PAR LE DOCTEUR CHAPPET

Médecin honoraire des hôpitaux de Lyon

IMPRIMERIE GÉNÉRALE DE LYON

30, Rue Condé, 30

1885

SOCIÉTÉ DE GÉOGRAPHIE DE LYON

SÉANCE MENSUELLE DU 8 JANVIER 1885

L'INFANTICIDE ET L'ŒUVRE DE LA SAINTE-ENFANCE EN CHINE

Par le Père PALATRE,

RAPPORT

PAR LE DOCTEUR CHAPPET
Médecin honoraire des hôpitaux de Lyon

La Chine a pour beaucoup de raisons le privilége de tenir en ce moment une large place dans les préoccupations du monde civilisé, et particulièrement de la France, et déjà plusieurs travaux du plus haut intérêt vous ont été communiqués sur ce sujet si rempli d'actualité. Après l'excellente étude de M. le colonel Debizé sur les forces militaires de cet empire et la savante revue faite par M. Groffier des travaux de nos missionnaires depuis le XIII° siècle, notre vénéré président a étudié dans son ensemble le mouvement commercial qui s'est manifesté, depuis l'antiquité jusqu'à notre époque, entre l'Europe et l'extrême Orient, et en particulier la Chine.

Vous n'ignorez pas non plus que, comme toutes les régions à population très dense, cet immense pays trouve dans l'expatriation de ses enfants un moyen de compenser l'insuffisance de son territoire. De là cet énorme courant d'émigration que la Chine

C.

déverse sur l'Amérique, sur l'Inde et l'Indo-Chine, et enfin sur les grandes îles de l'Océanie. Mais la misère et l'abaissement du niveau moral ont produit et entretenu dans ces populations si nombreuses et si déshéritées, un autre moyen de prévenir les inconvénients d'une natalité hors de proportion avec les ressources du sol : je veux parler de la plaie hideuse de l'infanticide. Et comme, pas plus qu'un individu, une nation ne veut montrer ses plaies, celle-là a été assez soigneusement cachée pour échapper souvent à une observation même attentive, et pour être obstinément niée par des écrivains dont la bonne foi ne peut être mise en doute, mais dont l'erreur est parfaitement explicable.

I

Cette question a été, en effet, très discutée de nos jours, et la fréquence de l'infanticide, clairement affirmée par les uns, a été contestée et même formellement niée par les autres. Les derniers invoquent l'autorité des 20,000 soldats français et anglais qui ont fait, en 1860, l'expédition de Chine, celle des employés des postes et des finances, des agents consulaires, des ministres plénipotentiaires et des simples voyageurs qui *n'ont rien vu*. Mais tous les témoignages des hommes qui n'ont rien vu peuvent-ils infirmer ceux d'autres hommes qui ont pénétré dans l'intérieur du pays, qui y ont fait de longs séjours et en ont étudié et parlé la langue, et qui certifient *avoir vu* ? Nous avons toutes raisons de croire que les derniers sont aussi sincères que les autres, et qu'ils ont été mieux placés pour constater les faits sur lesquels roule la discussion.

Les missionnaires, en effet, qui depuis le moyen-âge et surtout pendant les trois derniers siècles ont pénétré et même ont vécu longtemps, on sait au prix de quels labeurs et de quels périls, au cœur de ce pays si obstinément fermé aux regards des Européens, ont pu se convaincre de l'existence à peu près générale de cette abominable coutume, et nous donner des détails sur la manière dont elle est pratiquée. De tous les travaux publiés sur ce sujet, un des plus complets et des plus intéressants est celui du Père Palatre, de la Compagnie de Jésus, mort en 1878, après seize années passées dans les missions.

Cet ouvrage a été autographié par la mission catholique de *Changaï*, qui a bien voulu en adresser un exemplaire à notre Société. Il est divisé en trois parties. La première, intitulée : *Preuves historiques de l'infanticide*, contient de très longues recherches et s'appuie sur de nombreux documents, dont les textes, traduits dans le cours du volume, sont cités *in extenso*, à la fin, dans leur langue originale ; la seconde a pour titre : *L'infanticide et la charité chrétienne*, elle contient l'exposé de tout ce qu'ont fait les missionnaires pour combattre cet usage criminel. La troisième : *L'infanticide et la philanthropie chinoise*, est consacrée à l'étude des orphelinats fondés par les autorités du pays. Viennent enfin les pièces justificatives, dont il est impossible d'apprécier la valeur sans connaître la langue chinoise.

Dans la première partie, l'auteur a voulu répondre à de nombreux articles publiés en France, dans le but de prouver que l'infanticide n'existe en Chine que dans l'imagination des missionnaires. Le témoignage de beaucoup d'étrangers qui ont voyagé et même séjourné dans ce pays, a amené des publicistes parfaitement sincères à soutenir que cette horrible pratique n'est plus de notre temps. Nous trouvons dans l'avertissement placé en tête de l'ouvrage, l'explication suivante de ces divergences absolues d'opinion :

« Pourquoi ce désaccord entre les étrangers qui ont résidé en
« Chine ? Des touristes, des officiers de marine, des attachés
« d'ambassade, des commerçants, des missionnaires même, ont
« passé de longues années dans l'extrême Orient et affirment
« n'avoir jamais vu jeter à la voirie le corps d'un enfant. Et
« cependant les *Annales de la Sainte-Enfance* enregistrent chaque
« année des milliers et de milliers d'enfants sauvés ; d'où vient
« donc cette contradiction ? — Outre la réponse donnée par
« l'auteur à la fin de sa préface, on peut dire encore que la prin-
« cipale cause de cette apparente contradiction, en supposant
« tout le monde de bonne foi, vient de ce que l'on n'a pas compris
« de la même manière la question de l'infanticide en Chine.
« Quelques voyageurs et beaucoup de personnes en Europe
« n'entendent l'infanticide que dans le sens d'*exposition*. Or ce
« cas, quoique fréquent dans certaines localités, n'est pourtant
« pas le plus ordinaire, et il suffit de jeter un regard sur les

« gravures données dans le corps de cet ouvrage, pour voir quelle
« est la manière habituelle dont les parents se défont de leurs
« enfants, sans que les étrangers puissent en avoir le moindre
« soupçon. »

Que nous montrent, en effet, ces gravures ? La nouvelle accou-
chée étendue dans son lit, et à côté le *vase d'ignominie*, dont l'em-
ploi ordinaire n'a pas besoin d'être indiqué, et dont la forme et
la dimension rappellent assez exactement celle des seaux à toi-
lette. On en voit sortir les membres inférieurs de l'enfant nou-
veau-né, qui a été jeté la tête la première dans ce récipient
préalablement rempli d'eau. Ces pauvres créatures sont donc
noyées immédiatement après leur naissance. Ce moyen de des-
truction est le plus usité ; mais dans certaines provinces on fait
mourir l'enfant par suffocation, en lui versant dans la bouche
un vase de vin ou une tasse d'eau-de-vie chinoise.

Mais si l'exposition est beaucoup moins fréquente que le
meurtre des enfants, si elle est relativement rare aujourd'hui,
elle n'en a pas moins existé comme une chose absolument passée
dans les habitudes.

II

Le gouvernement chinois, nous devons le reconnaître, n'a
jamais approuvé l'infanticide. Loin de là, il s'est efforcé de
le combattre, soit par des punitions, soit par la création d'orphelinats, dans lesquels sont recueillis et élevés les enfants exposés
et ceux qui sont apportés par leurs parents, incapables de les
nourrir. Ces maisons étant peu nombreuses et insuffisamment
pourvues de ressources, d'autre part les peines édictées par les
lois étant rarement appliquées, le mal, simplement atténué, est
bien loin d'être détruit.

Le Père Amyot, qui a passé de longues années à Pékin, pendant la seconde moitié du dernier siècle, s'exprime à ce sujet de
la manière suivante :

« Chaque jour avant l'aube, cinq tombereaux, traînés chacun
« par un bœuf, parcourent les cinq quartiers qui partagent la
« ville, c'est-à-dire les quartiers du nord, du midi, de l'est, de
« l'ouest et du milieu, car c'est ainsi qu'on la divise. On connaît

« à certains signaux quand ces tombereaux passent, et ceux qui
« ont des enfants vivants ou morts à leur livrer, les leur livrent
« pour être portés dans le Yu-Yng-Tang, c'est-à-dire dans cette
« maison de charité, dans laquelle sont des médecins, des ma-
« trones et des nourrices, que le souverain entretient aux dépens
« de l'Etat. »

Dans notre siècle, Mgr Mouly, vicaire apostolique de Pékin,
mort le 4 décembre 1868, affirme que chaque matin neuf tombereaux peints en noir, dits *bateaux de la miséricorde*, parcouraient
la ville pour recevoir des enfants morts et les porter aux cime-
tières. L'auteur ne nous dit pas si ces tombereaux circulent
encore aujourd'hui.

J'ai dit que le gouvernement chinois a fait depuis longtemps
les plus louables efforts pour abolir la coutume de faire périr
les enfants. Des édits impériaux, des proclamations publiées
par les gouverneurs des provinces, viennent à l'appui de cette
assertion. En l'an 1644, lorsque les Tartares Mandchoux s'em-
parèrent de la Chine, l'infanticide désolait plusieurs provinces
de ce pays, et l'empereur Choen-Tché, fondateur de la dynastie
des Tsing, se vit forcé de publier un édit pour réprimer ce crime,
fréquent dans quatre provinces de l'empire. En ce temps comme
aujourd'hui, c'étaient les petites filles qu'on sacrifiait sans scru-
pule. Ces meurtres exécrables se sont pratiqués, paraît-il, dans
d'autres pays, et des musulmans instruits soutiennent que
Mahomet, en donnant à la polygamie un caractère légal, eut
surtout pour but de sauver la vie à une multitude d'enfants du
sexe féminin, qui avant lui étaient mises à mort, comme le sont
aujourd'hui les petits des chiens et des chats. — Revenons à
l'édit de Choen-Tché. Le souverain se livre à de longues consi-
dérations morales pour prouver que les parents doivent aimer
également leurs filles et leurs garçons; que les filles, d'un caractère doux, sont plus que les garçons affectueuses pour leurs
parents, et soumises à leurs volontés. Il raconte plusieurs his-
toires de filles ayant fait le bonheur de leurs familles, et promet
les bénédictions du ciel aux parents qui conserveraient tous
leurs enfants, sans distinction de sexe.

Cet édit, que n'appuyait aucune sanction pénale, produisit
peut-être quelques bons effets, mais il fut insuffisant pour

détruire un mal aussi enraciné. Aussi voyons-nous le meurtre des petites filles pratiqué encore au xviii° siècle, ainsi que l'ont attesté les missionnaires qui habitaient la Chine à cette époque. Et cependant, sous le règne de Kang-hi, successeur de Chœn-Tché, un second édit avait menacé les coupables de châtiments dont la nature n'est pas spécifiée. — De nombreuses citations nous montrent que, depuis l'établissement de la dynastie des Tsing jusqu'à nos jours, les autorités n'ont jamais cessé de lutter contre le mal et d'encourager au bien. Elles nous apprennent que, dans des cas exceptionnels, mais non très rares, les garçons n'étaient pas plus épargnés que les filles, et que le meurtre des enfants, n'étant pas toujours le partage exclusif des familles indigentes, était assez souvent pratiqué par des parents possédant une certaine aisance. La dernière proclamation a été publiée par le préfet de Fou-Tchéou en 1877, mais cette fois la persistance du mal a nécessité des répressions sévères. Les parents coupables doivent être condamnés à 60 coups de bâton et à un an de prison. — La sage-femme ayant fait périr un enfant est punie de mort par strangulation. Les voisins qui ont eu connaissance du meurtre et ne l'ont pas dénoncé, sont poursuivis comme complices.

III

Mais les pièces officielles, malgré leur caractère d'irrécusable authenticité, ne sont pas le seul ordre de preuves apportées par l'auteur à l'appui de sa thèse. — Les lettrés chinois n'ont cessé depuis fort longtemps de protester contre ces barbaries, de faire ressortir toute l'horreur des crimes commis par les parents sur leurs propres enfants, d'engager ceux-là à écouter la voix de la nature, en leur montrant les châtiments que le ciel inflige aux criminels, les récompenses qu'il accorde, même dans ce monde, aux parents qui élèvent tous leurs enfants, aux personnes charitables qui ont sauvé la vie à quelques-unes de ces pauvres créatures. — Je vais, par quelques citations, essayer de donner une idée de ce genre de littérature.

En 1849 on réimprima à Fou-Tchéou un livre intitulé : *Commentaire de la lampe de la maison obscure*, publié, dit l'éditeur, par ordre du ciel. J'en extrais les imprécations suivantes :

« Quelle est donc la dureté de votre cœur, à vous qui enten-
« dez sans pitié les cris de ces pauvres enfants ! Elles déplore-
« ront à jamais le jour où elles furent noyées dans un bassin
« rempli d'eau. Hélas ! quel triste spectacle ! Le sang maternel
« coule encore sur leurs membres. Elles voudraient parler, mais
« elles sont impuissantes à faire entendre un seul accent. A
« peine l'âme de leur mère s'est-elle propagée par leur naissance
« qu'on tranche le fil de leur vie, qui ne fait que commencer.
« O ciel ! ô homme ! Le ciel appelle ces enfants à l'existence et
« l'homme veut les tuer, mais celui qui s'oppose au ciel mourra
« et l'homme qui met à mort son semblable périra. Un proverbe
« dit : La famille qui, pendant trois générations, détruira les
« petites filles, sera elle-même anéantie. Le poussin mort dans
« son enveloppe et le petit de la truie qui cesse de vivre en nais-
« sant excitent la compassion des hommes. Le tigre et le loup
« ne font aucun mal à leurs petits... Tous les animaux éprou-
« vent des sympathies pour les êtres à qui ils ont donné le jour.
« L'homme seul sera-t-il donc privé d'affection pour ses enfants,
« et devra-t-on dire qu'il est inférieur aux animaux ? »

Dans une instruction destinée aux écoles, nous trouvons les
lignes suivantes : « Autant de fois vous noierez votre enfant,
« autant de fois il renaîtra pour se venger, et il se retrouvera
« sans cesse dans votre sein pour vous ôter la vie. » Et plus
loin : « D'après les lois de l'autre vie, quiconque noie une petite
« fille sera puni par la mort d'un petit garçon ; celui qui en
« noiera deux verra mourir deux de ses fils. Le mari qui n'aura
« pas su empêcher sa femme de commettre ce crime, verra sa
« propre vie abrégée de dix ans. Les voisins et les sages-femmes
« témoins d'un infanticide sans s'y opposer, seront également
« punis. »

De nombreux récits de châtiments envoyés par le ciel aux
parents criminels viennent prouver que ces menaces ne sont pas
illusoires. Tantôt c'est un père qui meurt d'une maladie affreuse,
après avoir vu les trois petites filles qu'il a tuées apparaître sur
son lit en lui criant : « rends-nous la vie. » Plus loin une femme
qui a mis à mort deux de ses enfants, met au monde un monstre
hideux et succombe à la frayeur, ainsi que sa belle-mère et son
fils âgé de sept ans. Deux époux qui avaient tué trois petites filles

furent changés après leur mort, l'un en porc et l'autre en chienne.
Mais à côté des châtiments, dont l'énumération complète nous
entraînerait trop loin, viennent les récompenses pour les personnes vertueuses et les bienfaiteurs de l'humanité. Citons-en
quelques exemples :

Un homme généreux avait sauvé la vie à un grand nom   de
petites filles en donnant à chaque mère un secours mensuel de
500 sapèques. Trois ans après il eut des fils, qui parvinrent plus
tard au grade de licencié. — Un pauvre lettré qui, d'après le con-
seil des esprits, avait exhorté ses semblables à renoncer à la
funeste coutume de l'infanticide et mené contre elle une active
campagne de propagande, obtint une suite non interrompue de
succès dans ses examens, et fut admis au nombre des acadómi-
ciens. — Un tr isième, qui ne jouissait pas d'un physique agréa-
ble et dont le visage était imberbe, obtint des esprits la transformation de sa figure et se réveilla un beau matin porteur d'une
magnifique barbe. Une gravure montre cet homme de bien con-
templant avec bonheur sa nouvelle physionomie dans une glace.
A Sou-Tchéou, Peng-Tchoang-Yuen, qui, joignant l'exemple
au précepte, avait non seulement écrit contre l'infanticide,
mais sauvé et nourri beaucoup de pauvres petites créatures,
fut récompensé dans sa personne et dans sa postérité. Ses fils
et petits-fils devinrent tous membres de l'Académie des Han-
Lin. Il jouit lui-même d'une longue prospérité, bienfait auquel
participèrent également ses descendants. — Enfin une sage-femme
qui avait empêché beaucoup de mères de noyer leurs enfants, ter-
mina ses jours dans un âge avancé, entourée de son fils et de cinq
petits-fils, qui arrivèrent tous à une grande réputation, et dont
plusieurs parvinrent à la dignité de mandarin.

IV

Tous les auteurs dont nous venons de parcourir les écrits sont
bouddhistes ou taoïstes, c'est-à-dire qu'imbus de croyances religieuses, ils menacent des peines de l'autre vie ceux qui dans
celle-ci ont manqué à leurs devoirs. Les lettrés de l'école de Con-
fucius, peu soucieux de la justice céleste, font appel aux argu-

ments philosophiques et surtout à l'application des lois répressives, qui ont été regardées, disent-ils, comme de belles pièces de littérature et n'ont pas arrêté le cours de tous ces crimes, toujours impunis. Ils demandent aussi que les riches viennent en aide aux pauvres ; qu'on multiplie les orphelinats, trop peu nombreux ; qu'on leur donne des ressources pécuniaires suffisantes. Pour faire droit à ces justes requêtes, les deux impératrices régentes donnèrent, en 1846, l'ordre de bâtir de nombreuses maisons pour recevoir les enfants abandonnés. — Comment fut accompli cet ordre ? Le ministre chargé de veiller à l'exécution de l'édit impérial nous apprend, dans son rapport aux deux régentes, que dans deux provinces visitées par lui il avait vu un grand nombre de pauvres et d'émigrants, jetant sur les chemins les enfants, qui périssaient ainsi abandonnés. Mais il apprend, par un rapport du vice-roi du Yun-Nan et du Kouey-Tchou, que dans cette dernière province les orphelinats sont nombreux et bien tenus, et qu'on y recueille beaucoup d'enfants.

D'autres citations nous montrent que dans beaucoup de régions l'infanticide est passé dans les mœurs, qu'il est l'objet de plaisanteries, qu'il est considéré, grâce à la transmigration des âmes, comme un moyen pour les filles de renaître garçons. Dans tel village les enfants noyés se comptent par plusieurs dizaines dans une seule année, au su de toute la contrée.

Un prêtre indigène disait à un missionnaire : « L'infanticide est devenu si commun dans les villes, qu'on n'en rougit plus et qu'il n'est plus regardé comme un crime. Quand, après la naissance d'un enfant, on vient féliciter la mère de cet heureux événement, on l'entend souvent répondre simplement : Je ne l'ai pas gardée, ou : Je m'en suis débarrassée. »

Outre le témoignage des écrivains, l'auteur invoque celui des journalistes. La presse chinoise est d'institution récente et ne compte pas encore de nombreux organes. Mais, il faut le dire à sa louange, elle a dès son origine entamé une campagne vigoureuse contre l'usage si répandu de noyer les enfants. Ses nombreuses attestations ne laissent aucun doute sur l'existence encore très répandue de cet horrible moyen employé par les familles pour diminuer leurs charges. L'infanticide a pris une extension énorme à l'époque de la révolte des Taipings, et peudant les années d'effroyable misère qui l'ont suivie dans les provinces ravagées par eux. Le *Wei-pao* de Changaï a publié sur ce sujet une longue série d'articles, et a favorisé de tout son pouvoir la création d'une société protectrice de l'enfance. Le *Chen-Pao*, publié aussi à Changaï, raconte, dans son numéro du 18 mai 1878, qu'une petite fille fut brûlée vive dans la rue, au milieu d'une foule de curieux. On employa ce supplice pour inspirer de la terreur à son âme, et l'empêcher de revenir plus tard dans le sein de sa mère.

Comme dernière preuve à l'appui de ses affirmations, le Père Palatre invoque l'imagerie populaire et les légendes dont elle est accompagnée. Son ouvrage donne le *fac-simile* de six gravures, dont le dessin est loin d'être parfait, mais dont la composition est bien faite pour impressionner l'esprit du public. Elles représentent les châtiments éprouvés par les meurtriers d'enfants et les récompenses dont jouissent ceux qui leur ont sauvé la vie. Dans les premiers cas, c'est une mort plus ou moins tragique pour les parents coupables et pour leurs enfants mâles qu'ils ont gardés, à l'exclusion des autres. Dans les seconds, on voit des esprits prendre note des bonnes actions, et récompenser par tous les bonheurs de ce monde ceux qui les ont accomplies. Ainsi un homme qui a sauvé beaucoup d'enfants acquiert le titre de premier académicien. Il est représenté assis avec sa femme et recevant la visite de deux personnages dont il a conservé l'existence, et dont l'un est, comme lui, parvenu aux honneurs académiques. Une femme qui a empêché une mère de noyer son enfant met au monde un fils qui devint plus tard licencié et docteur. Une sage-femme est récompensée de ses bonnes actions par une heureuse vieillesse, une nombreuse famille et une grande fortune.

En résumé, l'existence de l'infanticide à l'état d'habitude invétérée et résistant à tout ce qui a été fait pour la détruire est rendue incontestable, pour tout esprit non prévenu, par le nombreux faisceau de preuves que l'auteur vient de nous présenter. Ces preuves sont tirées : 1° du témoignage des écrivains ; 2° des édits et proclamations des empereurs, des ministres et des gouverneurs de provinces ; 3° des articles nombreux publiés dans les journaux chinois sur cette question ; 4° enfin des images et des légendes populaires répandues en grande abondance dans le pays.

V

D'après les renseignements recueillis par les missionnaires, l'infanticide est pratiqué dans treize provinces, dont la population s'élevait, lors du démembrement de 1812, à 300,568,323 habitants et doit être aujourd'hui plus considérable qu'à cette époque. Cinq autres provinces, sur lesquelles on ne possède pas de documents relatifs à cette question, comptaient à cette date 59,711,274 habitants. Mais rien ne prouve que cette partie du pays soit exempte de l'infanticide. La Chine passe aujourd'hui pour avoir 400 millions d'habitants.

La seconde partie est, nous le savons, consacrée à l'historique et à l'énumération des œuvres chrétiennes fondées depuis le xviie siècle pour fournir aux enfants chinois abandonnés des secours spirituels et matériels. Non contents, en effet, de donner le baptême à un très grand nombre d'entre eux, les missionnaires ont toujours eu à cœur d'en recueillir autant que le permettaient leurs ressources, toujours inférieures à leur ardent amour du bien. C'est au commencement du xviie siècle que nous voyons remonter la fondation de ce grand apostolat de la charité par la fondation des asiles dus à deux religieux italiens, les pères Vagnoni et Ricci.

L'Œuvre de la Sainte-Enfance a multiplié, surtout depuis une trentaine d'années, la création de ces maisons, dont l'influence civilisatrice ne peut être contestée par personne. Aujourd'hui, cent un orphelinats, répartis sur une grande étendue de territoire, élèvent des milliers de filles et de garçons arrachés à la mort.

Outre les nouveau-nés recueillis, on voit souvent des orphelins ou des enfants de familles indigentes venir frapper aux portes de ces maisons hospitalières, le corps couvert de vieux sacs de riz et de quelques débris de nattes. En dehors de l'instruction élémentaire et de l'enseignement du christianisme, ces enfants reçoivent une éducation professionnelle qui leur permet de suffire honorablement plus tard aux besoins de leur existence. Les jeunes gens, pourvus d'un état, s'en vont gagner leur vie au dehors. Les jeunes filles, arrivées à 16 ou 18 ans, se marient dans des familles chrétiennes et reçoivent de l'Œuvre une petite dot, consistant principalement en objets mobiliers. La jeune fille mariée et l'orphelin reçu ouvrier conservent des relations avec la maison où se passèrent les années de leur enfance. Ils y reviennent surtout à l'occasion des fêtes religieuses et, quand la maladie les met dans l'impossibilité de travailler, ils sont sûrs de trouver à l'orphelinat un refuge et les secours dont ils ont besoin.

Mais il existe aussi des maisons du même genre, fondées et entrenues par le gouvernement du pays. En principe, elles devraient être très nombreuses. En réalité elles le sont peu et ne reçoivent que des enfants de leur voisinage. Quant à ceux qui naissent à une distance même de dix ou de quinze kilomètres, leurs parents aiment mieux, en général, s'en débarrasser par des crimes que se donner la peine de les transporter par des routes ordinairement mauvaises. Ils s'épargnent ainsi la fatigue et la dépense d'un voyage. Dans certaines contrées plusieurs centaines de sapèques sont données à celui qui apporte un enfant, mais ce moyen ne réussit pas toujours, beaucoup de Chinois trouvant moins déshonorant de noyer un nouveau né que de le porter à l'orphelinat pour de l'argent. D'ailleurs ces maisons sont mal tenues et mal surveillées. Les nourrices, en nombre insuffisant, ont toutes plusieurs enfants à allaiter, compromettant ainsi la vie de ces pauvres petites créatures. De même que la nourriture, le vêtement, la propreté, l'éducation laissent beaucoup à désirer. Aussi la mortalité y est elle considérable. Quant à ceux qui survivent, on les garde jusqu'à l'âge de treize ans. Les garçons alors sont purement et simplement renvoyés, les filles sont vendues, les unes pour être mariées, les autres pour vivre dans le désordre.

Je dois cependant rappeler qu'un rapport fait, en 1866, aux impératrices régentes par le vice-roi du Yun-Nan et du Kouey-Tchou, constatait le nombre et la bonne tenue des orphelinats fondés par le gouvernement. Mais il ne s'agissait là que de deux provinces, sur les dix-huit dont se compose le Céleste Empire, et depuis cette époque les choses semblent avoir changé.

VI

Le dixième et dernier chapitre est consacré à l'étude des causes qui produisent l'infanticide. Les filles, avons-nous dit, sont surtout les victimes de cette horrible coutume. On ne se plaint, en effet, dans les familles pauvres que, quand il vient au monde des enfants du sexe féminin, considérés, par elles, comme une source d'embarras et de dépenses. « Celui qui a des fils, » dit un proverbe chinois, ne se tient pas pour pauvre, alors même qu'il n'a pas de richesses, mais pour celui qui a des petites filles, tout sera difficile, tout sera contraire. » Dans certaines provinces la femme qui a mis au monde un garçon reçoit des félicitations et des présents. Celle qui a enfanté une fille est en butte aux reproches et manque des soins nécessaires. De plus, une croyance très répandue condamne à un sort misérable dans l'autre monde l'homme qui n'a pas de fils. Dans certains cas l'enfant est jeté à la rivière, comme une offrande au dieu des eaux. Mais, de toutes les croyances chinoises, celle de la métempsycose est la plus fatale à l'enfance. Le monde n'étant qu'un va et vient continuel d'âmes à la recherche d'un corps, l'enfant n'est plus qu'un hôte qui se présente à la famille, et qui peut être accueilli ou renvoyé. S'il arrive sous la forme d'une fille quand on désire un garçon, on facilite à l'âme un moyen de transmigration dans un autre corps.

A toutes ces idées néfastes vient se joindre l'absence complète de sens moral, se traduisant souvent par les paroles suivantes : « C'est nous qui avons donné la vie à cet enfant, c'est nous qui le noyons, où donc est le mal ? »

Mais la loi est-elle donc impuissante contre de pareils crimes ? Son indulgence, la rareté de son application en rendent les effets complètement illusoires. Cent coups de bâton, et quelquefois moins encore, plus un an et demi de bannissement au maximum, sont les seules pénalités qui menacent les coupables. Il existe cependant un édit impérial de 1773 assimilant l'infanticide au meurtre avec préméditation, et le soumettant au même châtiment. Malheureusement c'est une lettre morte ; les manda-

rins, le trouvant trop sévère, condamnent aujourd'hui à soixante
coups de bâton et à un an d'exil les parents coupables de trois
meurtres sur leurs propres enfants. À l'insuffisance de cette
répression vient s'ajouter l'inertie insouciante des fonctionnai-
res chargés de la faire appliquer. Du reste, que peut faire la loi
sans les mœurs? Et que devient une société où la morale n'a pas
d'autre appui que la crainte du gendarme? Aussi longtemps que
la notion du bien et du mal sera ainsi obscurcie, quel que soit
le nombre des coups de bâton et des années d'exil, le Chinois
continuera à se débarrasser, par la noyade, des enfants dont
l'existence pourrait lui créer de trop grands soucis. Le christianisme seul aura la puissance de lui faire comprendre que l'ho-
micide est un crime, et que l'infanticide est le plus horrible des
forfaits. Cette influence des idées chrétiennes, qui seule étein-
dra l'effroyable fléau de l'infanticide, se fait sentir chez tous
les indigènes, malheureusement trop peu nombreux, qui ont
écouté les enseignements des missionnaires. Les lignes suivantes,
que j'emprunte à une des dernières pages de ce beau travail,
nous montreront l'immense chemin parcouru par eux :

« Les pauvres sont nombreux parmi les chrétiens, et les priva-
« tions forment leur principal apanage; mais pour en diminuer
« l'amertume ils ne songent point à éliminer les bouches inuti-
« les et ils partagent avec leurs enfants le riz que Dieu ne refuse
« point à ceux qui le servent. La pauvreté ne tarit point chez
« eux la charité chrétienne, et il n'est pas rare de rencontrer sous
« le toit de leur chaumière ou sur la barque qui leur sert d'asile
« des orphelins arrachés à la cruauté des infidèles ; ils les élè-
« vent comme leurs propres enfants, et sont heureux de leur faire
« connaître la route du ciel.

« Le chrétien, riche ou pauvre, se soumet sans colère et sans
« murmure aux dispositions de la Providence ; il ne tue pas ses
« filles pour obtenir plutôt des garçons ; les destinées de l'autre
« vie lui sont connues ; il sait que les lingots de papier, les
« habits et les comestibles, si chers aux sectateurs du paganisme,
« sont choses inutiles dans la patrie céleste, et il n'a nul souci
« de laisser sur la terre un pourvoyeur chargé de lui expédier
« ces prosaïques ou ridicules objets. Il n'a point d'offrande à
« faire au dieu des eaux ; la métempsycose n'est à ses yeux

« qu'une rêverie. Pour lui, il ne connaît d'autre loi révélée que
« celle de Jésus-Christ ; elle défend d'ôter la vie aux enfants, et il
« se fait un devoir de lui obéir.

« Voilà le remède. L'infanticide ne disparaîtra en Chine que
« le jour où cette loi de Jésus-Christ remplacera les idées païen-
« nes et créera une nouvelle génération. Heureux les mission-
« naires qui seront témoins de cette transformation tant désirée!
« Mais ce bonheur ne semble pas réservé à ceux de notre temps. »

Au moment où le digne apôtre écrivait ces paroles, les progrès
du christianisme et des idées civilisatrices en Chine étaient régu-
liers et constants, quoique la conversion complète de cet immense
empire ne pût être attendue que dans un avenir assez lointain.
Mais aujourd'hui la guerre a porté ses ravages dans les établissement chrétiens, de nouveaux sacrifices et de nombreux travaux
seront nécessaires pour reconquérir le terrain perdu.

Devons-nous pour cela désespérer de l'avenir et nous résigner
à voir toujours la Chine parmi les pays barbares ? Les enseignements du passé doivent nous interdire un pareil découragement,
mais ils nous montrent assez combien sera longue et difficile
cette pacifique conquête, dont la plus grande gloire reviendra
encore à la France, et dont la durée ne peut être appréciée même
par les plus clairvoyants.

Celui qui sauve les petites filles de la noyade
obtient la transformation du visage.

Celle qui aide les autres à noyer les enfants,
éteint elle-même sa propre postérité.

Celle qui empêche la noyade des petites filles,
touche le cœur des Esprits.

Celle qui aide les autres à noyer les enfants,
éteint elle-même sa propre postérité.

Celle qui empêche la noyade des petites filles,
touche le cœur des Esprits.

Celui qui détourne ses parents de la noyade des petites filles
parvient aux degrés académiques.